LA BATALLA DE KURSK

Hitler contra el Ejército Rojo

Por Jonathan Duhoux
En colaboración con Thomas Jacquemin
Traducido por Laura Bernal Martín

Historia | en50MINUTOS.es

LA BATALLA DE KURSK   1

Datos clave
Introducción

CONTEXTO POLÍTICO Y SOCIAL   3

Los orígenes de la Segunda Guerra Mundial
El pacto germano-soviético
La Operación Barbarroja
Stalingrado, símbolo de la «Gran Guerra Patria»

ACTORES PRINCIPALES   12

Erich von Manstein, general alemán
Walter Model, general alemán
Nikolái Fiódorovich Vatutin, general ruso
Gueorgui Konstantínovich Zhúkov, general ruso

ANÁLISIS DE LA BATALLA   18

Los preparativos
El choque de tanques
El contraataque soviético
El resultado de la batalla: un cementerio de sangre y metal

REPERCUSIONES DE LA BATALLA   30

Una batalla, dos propagandas
La apisonadora soviética
El sacrificio de la URSS

EN RESUMEN   33

LA BATALLA DE KURSK

DATOS CLAVE

- **¿Cuándo?** Del 5 de julio al 23 de agosto de 1943.
- **¿Dónde?** En los alrededores de Kursk (Rusia).
- **¿Contexto?** La Segunda Guerra Mundial (1939-1945).
- **¿Beligerantes?** El Tercer Reich contra la Unión de Repúblicas Socialistas Soviéticas (URSS).
- **¿Actores principales?**
  - Erich von Manstein, general alemán (1887-1973).
  - Walter Model, general alemán (1891-1945).
  - Nikolái Fiódorovich Vatutin, general ruso (1901-1944).
  - Gueorgui Konstantínovich Zhúkov, general ruso (1896-1974).
- **¿Resultado?** Victoria rusa.
- **¿Víctimas?**
  - Bando ruso: alrededor de 200 000 muertos, 660 000 heridos y desaparecidos.
  - Bando alemán: alrededor de 90 000 muertos, 400 000 heridos y desaparecidos.

INTRODUCCIÓN

El enfrentamiento en Kursk, aun siendo menos célebre que la batalla de Stalingrado (septiembre de 1942-febrero de 1943), es uno de los mayores enfrentamientos entre alemanes y rusos durante la Segunda Guerra Mundial y una de las batallas de tanques más importantes de la historia.

En julio de 1943, Alemania inicia la ofensiva bajo el nombre de Operación Ciudadela. El objetivo es recuperar la ventaja en el frente del Este tras la dolorosa derrota sufrida en Stalingrado. De esta manera, Adolf Hitler (1889-1945) espera recuperar los territorios que ha perdido en invierno, aprovechando que la Wehrmacht (el ejército alemán) siempre ha sabido demostrar su superioridad con condiciones climáticas favorables.

Para lograr una victoria que deje huella, Alemania establece una impresionante fuerza de choque en el saliente de Kursk (que se extiende a lo largo de 23 000 km^2, entre Oriol al norte y Bélgorod al sur y que penetra en el frente alemán), con aproximadamente un millón de soldados, más de 2500 tanques y 2000 aviones en el frente. Pero la operación se retrasa y el Ejército Rojo, al tanto de la misma, dispone de tiempo para prepararse. Así, cuando estalla la batalla, los soviéticos cuentan con un ejército superior en número, con 1,3 millones de hombres, 3600 tanques y 2000 aviones. Tras más de un mes de enfrentamientos, frenan a las fuerzas alemanas al precio de importantes pérdidas en ambos bandos. Esta derrota entierra la última oportunidad del Führer de vencer a la Unión Soviética.

CONTEXTO POLÍTICO Y SOCIAL

La batalla de Kursk se inscribe en el contexto de la Segunda Guerra Mundial, que enfrenta militarmente a:

- el Eje, formado por Alemania, Italia y Japón;
- los Aliados, entre los que se destacan los Estados Unidos, Reino Unido y la Unión Soviética.

LOS ORÍGENES DE LA SEGUNDA GUERRA MUNDIAL

Aunque deriva de la Gran Guerra (1914-1918), la Segunda Guerra Mundial es muy distinta a esta. De hecho, las motivaciones, los beligerantes y el contexto de la época han evolucionado profundamente a lo largo de los dos decenios que separan ambos conflictos.

Existen numerosos factores que contribuyen a crear una situación inestable en 1939. Sobre todo:

- la herencia del Tratado de Versalles, cuyo objetivo es restablecer la paz y definir las sanciones a tomar contra Alemania, considerada responsable del primer conflicto mundial. Mientras que los países vencedores quieren que se aplique estrictamente el tratado firmado al final de la Primera Guerra Mundial, otros desearían revisarlo. Este es el caso de Alemania, que acumula inmensas deudas de guerra, y de Italia, que forma parte del bando vencedor pero que no ha podido ampliar su territorio, a diferencia de otras potencias europeas;

- la crisis económica. A partir de 1929, el desempleo se dispara en numerosos países, que acaban por encerrarse en sí mismos. La población está arruinada y lista para cualquier cambio: se trata de un terreno fértil para el auge de extremismos;
- el expansionismo alemán. En su libro *Mi lucha* (*Mein Kampf*, 1923-1924), Adolf Hitler explica su deseo de expandir Alemania, un deseo que justifica con el crecimiento demográfico que experimenta su país y con el deber de ofrecerle al pueblo un territorio lo suficientemente grande como para que pueda sobrevivir;
- el expansionismo italiano. Benito Mussolini (hombre de Estado italiano, 1883-1945) también quiere ampliar su país. Por ello conquista Etiopía en 1936 y Albania en 1939. Ese mismo año firma una alianza militar ítalo-germana, llamada el Pacto de Acero;
- la carrera armamentística. A partir de 1933, Adolf Hitler aumenta considerablemente la fuerza militar de Alemania, a pesar de la prohibición estipulada en el Tratado de Versalles;
- la guerra civil española (1936-1939). El general Francisco Franco (1892-1975) intenta acabar con el gobierno democrático establecido y, en su empresa, recibe el apoyo de Adolf Hitler y de Benito Mussolini.

el que desarrolla esta ideología, basada entre otros, en estos dos principios:

- los arios son un pueblo superior y por tanto tienen todos los derechos, incluido el de conquistar un espacio vital. Según él, los alemanes son los mejores representantes de la raza aria;
- un Estado totalitario encabezado por un jefe todopoderoso es indispensable para la plenitud de la raza alemana frente a los pueblos que juzga inferiores.

Adolf Hitler se beneficia de un complicado contexto económico y social para imponer sus ideas a la población. Tras llegar al poder en 1933, impone progresivamente la ideología nazi en Alemania y sienta las bases del Tercer Reich. En mayo de 1945, este se extinguirá al mismo tiempo que el Führer.

Por todo ello, Europa parece consumirse. Sin embargo, ante todas estas señales de aviso, Francia e Inglaterra se muestran bastante pasivas, lo que le permite a Adolf Hitler iniciar su plan de conquista.

Así, se anexiona primero Austria en 1938 (el Anschluss) y, ese mismo año, recibe una advertencia de los Aliados durante la conferencia de Múnich cuando arremete contra Checoslovaquia. Pero hay que esperar hasta el mes de septiembre de 1939 y el inicio de la invasión de Polonia para que Francia e Inglaterra reaccionen declarándole la guerra a Alemania.

EL PACTO GERMANO-SOVIÉTICO

El que Adolf Hitler lograra invadir Polonia en 1939 se debe al cierre de un acuerdo con el gigante ruso. El tratado de no agresión entre Alemania y la Unión Soviética garantiza, en efecto, la neutralidad de uno de los dos países si el otro entra en guerra. Sin embargo, este acuerdo también incluye una cláusula secreta: el reparto de los países de Europa del Este entre el Führer y Josef Stalin (hombre de Estado soviético, 1878-1953). Así, según los términos del pacto, Alemania y la Unión Soviética deberían compartir Polonia.

El tratado sorprende a toda Europa debido a las diferencias existentes entre ambos sistemas políticos y a que tienen pocos intereses comunes. En realidad, Josef Stalin teme el poder germánico y no confía en que las democracias europeas vayan a ayudarle. Incluso sospecha que Francia e Inglaterra incitan a Alemania para que ataque Rusia y se elimine así la amenaza del comunismo.

nada, tomar las armas. Después de 1921, Lenin propone una Nueva Política Económica (NEP), que consiste en una vuelta provisional y parcial al capitalismo para reorientar la economía del país. En 1928, Stalin pone punto final a este sistema, que hace que reaparezcan las desigualdades sociales, y desarrolla una economía basada en la colectivización y en la planificación y que se asemeja más a una oligarquía o, incluso, a una dictadura. Poco a poco, la URSS intenta que todos los países del mundo adopten su ideología —mediante las Internacionales—, lo que preocupa especialmente a las democracias europeas.

La Wehrmacht atraviesa la frontera polaca el 1 de septiembre de 1939. Francia e Inglaterra le declaran enseguida la guerra a Adolf Hitler, pero no intervienen militarmente. El 17 de septiembre, los rusos entran a su vez en Polonia y, el 28 de septiembre, dejan de compartir el país con Alemania.

A partir de ese momento, en Europa Occidental todos los ejércitos se mantienen en su posición hasta la primavera, lo que da lugar a la que se llamaría «drôle de guerre» o «guerra de broma». Durante este periodo, los alemanes y los franceses se sitúan frente a frente a lo largo de la frontera, pero sin intentar dar ningún paso. La tensión cada vez es más palpable, pero Adolf Hitler sabe que, gracias al tratado de no agresión, su peligroso adversario del Este no intervendrá. Así, el Führer tiene las manos libres para concentrar toda su fuerza militar en Europa Occidental.

En la primavera de 1940, los alemanes abren cinco frentes

sucesivos y emplean la técnica del Blitzkrieg (guerra relámpago), que consiste en unir en un sector bien definido las fuerzas terrestres, aéreas y mecanizadas con el objetivo de destruir en un tiempo récord las defensas enemigas. La Wehrmacht encadena una victoria tras otra:

- Dinamarca es invadida el 9 de abril y capitula ese mismo día;
- Noruega es invadida el 9 de abril y capitula el 10 de junio;
- Bélgica es invadida el 10 de mayo y capitula el 28 de mayo;
- los Países Bajos son invadidos el 10 de mayo y capitulan el 15 de mayo;
- Francia es invadida el 10 de mayo y capitula el 25 de junio.

LA OPERACIÓN BARBARROJA

Adolf Hitler, no obstante, no se conforma con dominar Europa Occidental, donde el único país que aún resiste es Inglaterra. El Führer también quiere extender su espacio vital hacia el este atacando a los eslavos, y de esta forma tener acceso a los recursos petrolíferos del Cáucaso. El 22 de junio de 1941 lanza la Operación Barbarroja, cuyo objetivo es invadir la URSS, marcando así el fin del pacto germano-soviético.

¿SABÍAS QUE...?

Para Adolf Hitler, atacar la URSS es necesario para abolir el comunismo y acabar con los judíos rusos que, según él, son las bases del Estado. Los alemanes llaman a este tipo de cruzada ideológica y racial *weltanschauungs-*

krieg, es decir, «guerra ideológica». Sin embargo, la terminología nazi sigue siendo imprecisa a la hora de distinguir a los judíos del resto de la población rusa. Así, el alto responsable de las SS para el centro de Rusia, Erich von dem Bach-Zelewski (1899-1972) declara en septiembre de 1941: «Allí donde están los partisanos, están los judíos, y allí donde están los judíos, están los partisanos»[1] (Husson 2001, 38-39).

El objetivo del Estado Mayor alemán es llegar al Kremlin lo antes posible para derribar esta fortaleza, que alberga la sede del poder soviético. Sin embargo, antes de dirigirse a Moscú, Adolf Hitler desea tomar Leningrado (la actual San Petersburgo) y Kronstadt (puerto ruso). Finalmente, el ataque se extiende a lo largo de un frente de varios miles de kilómetros según tres ejes:

- al norte, un ejército se dirige hacia Leningrado a través de los países bálticos;
- en el centro, la fuerza de ataque más importante se dirige hacia Moscú, pero sigue enviando refuerzos a los demás ejércitos si es necesario;
- al sur, la Wehrmacht tiene como objetivo la ciudad de Kiev, el puerto de Odesa y, más tarde, Stalingrado, un punto estratégico para el control del Volga (río que baña más de un tercio de Rusia).

Del lado ruso, los generales se dan cuenta enseguida de que

---

1. Cita traducida por 50Minutos.es

una guerra contra el Tercer Reich es inevitable. Pero en 1941, Josef Stalin cree que la concentración de tropas alemanas en la frontera rusa es una maniobra de provocación. Por ello, la Operación Barbarroja se beneficia de un cierto efecto sorpresa, que evita que el contraataque soviético sea eficaz. El Ejército Rojo, peor equipado y organizado, retrocede en todos los frentes, hasta que se produce la batalla de Moscú (inicios de 1942).

STALINGRADO, SÍMBOLO DE LA «GRAN GUERRA PATRIA»

La Unión Soviética entra en un estado de guerra total para frenar al invasor. Toda la población participa en el esfuerzo de guerra, y la producción industrial soviética se dispara. La extrema violencia de las tropas alemanas une a la población en torno a Josef Stalin, que declara la «Gran Guerra Patria» a partir del 10 de octubre de 1941.

Sin embargo, en 1942 la situación militar se encuentra en un callejón sin salida en el frente del Este. La Wehrmacht está bloqueada ante Leningrado, donde se instala para llevar a cabo un sitio que durará dos años y medio. Al sur, la batalla de Stalingrado se estanca en los combates en las calles. Hay que esperar hasta el mes de febrero de 1943 para observar un punto de inflexión en el conflicto. Después de cinco meses de lucha encarnizada, los soviéticos logran echar a la Wehrmacht de la ciudad. Tras la capitulación, más de 94 000 soldados alemanes son hechos prisioneros. Animada por esta victoria, la Unión Soviética inicia una lenta reconquista de su territorio. Pero aún tiene que enfrentarse un gran desafío: la batalla de Kursk.

ACTORES PRINCIPALES

ERICH VON MANSTEIN, GENERAL ALEMÁN

Erich von Manstein nace en 1887 en el seno de una familia que cuenta con varios generales, y está predestinado a incorporarse al ejército alemán. Entra en la Academia Militar en 1913, pero su formación se ve interrumpida por el estallido de la Primera Guerra Mundial, en la que lucha en Bélgica, Polonia y Francia. Destaca su participación en las batallas de Verdún (febrero-diciembre de 1916) y del Somme (julio-noviembre 1916), y recibe varias condecoraciones.

En el periodo de entreguerras se vuelve anticomunista convencido y, por tanto, acoge con satisfacción la llegada al poder de Adolf Hitler. Cuando el Führer, en contra del Tratado de Versalles, decide llevar a cabo el rearme de Alemania, Erich von Manstein participa activamente en el proyecto. Enseguida se convierte en el número dos del Estado Mayor de la Wehrmacht y perfecciona las técnicas del Blitzkrieg. Después de su intervención en la anexión de Austria, von Manstein participa en la campaña de Polonia. A continuación elabora un plan de invasión de Francia que el canciller alemán sigue en líneas generales.

En 1941 participa en la Operación Barbarroja, durante la que logra numerosas victorias. Sin embargo, es frenado ante Leningrado y falla en su operación de rescate durante la batalla de Stalingrado. A continuación, gana una batalla en Járkov antes de prepararse para la Operación Ciudadela.

Erich von Manstein dirige las fuerzas armadas que tienen que atacar Kursk por el sur, y además tiene la misión de rodear a los rusos con los generales Walter Model y Hans Günther von Kluge (1882-1944). La ofensiva comienza el 5 de julio de 1943. Erich von Manstein cree que los soviéticos emprenderán tarde o temprano una ofensiva, por lo que mantiene numerosas tropas en reserva, pero subestima la amplitud de las fuerzas enemigas y su número de refuerzos. Después de una semana, la Operación Ciudadela se estanca antes de que los alemanes se vean obligados a batirse en retirada. Para el general alemán, los numerosos aplazamientos de la operación, que permiten que los soviéticos preparen su defensa, explican la derrota.

En 1944, Erich von Manstein debe ser operado por un problema ocular, y a continuación se retira. Sin embargo, sigue convencido hasta el final de que la Alemania nazi puede vencer a los Aliados.

En 1949 es condenado a 18 años de prisión por crímenes de guerra, pero cuatro años más tarde es liberado por motivos de salud. Después escribe sus memorias, en las que le atribuye toda la responsabilidad de la guerra al Führer. Muere en 1973.

WALTER MODEL, GENERAL ALEMÁN

Hijo de un profesor de música, Walter Model entra en la escuela de cadetes en 1908. Debido a su ambición y a su carácter, se muestra poco sociable y hace muy pocos amigos a lo largo de su carrera militar. Durante la Primera Guerra Mundial destaca por sus acciones y, a pesar de tener un carácter difícil, es ascendido de rango. Su candidatura al Estado Mayor le permite librarse de la Batalla del Somme. Al final de la guerra, obtiene el rango de capitán.

El período de entreguerras le permite consolidar su reputación. Durante el mismo, da clases de estrategia a jóvenes oficiales y apoya la modernización del ejército alemán. Se convierte en un ferviente admirador del nazismo cuando este se implanta en el país.

A principios de la Segunda Guerra Mundial, Walter Model encadena varias victorias, primero en Polonia y más tarde en Francia. Durante la Operación Barbarroja, lleva a la 3.ª División Blindada hacia el corazón del territorio soviético a un ritmo desenfrenado.

En 1943 se encarga de dirigir la Operación Ciudadela junto a Erich von Manstein y Günther von Kluge, cuyo objetivo es vengarse de la dolorosa derrota de Stalingrado. Walter Model se hace cargo de los ejércitos y ataca el flanco norte del saliente de Kursk. Sin embargo, expresa sus reservas acerca del éxito de la operación en vista del alcance de la importante defensa rusa. Esto le lleva a pedir posponer el ataque para consolidar sus tropas con nuevos modelos de tanques, especialmente con unos imponentes destructores de tanques: los Jagdpanzer Elefant. Sin embargo, el general alemán se encuentra bloqueado desde el inicio de la ofensiva y, a pesar de la superioridad tecnológica, nunca logrará tomar ventaja.

Tras la derrota de Kursk, Walter Model inflige importantes pérdidas a los soviéticos durante la reconquista emprendida por estos, lo que le lleva a ser ascendido a mariscal. En 1944 es enviado a Normandía, donde se ve obligado a replegarse progresivamente hacia Alemania. Al final de la guerra, cuando la situación se vuelve desesperada, prefiere disolver el ejército antes que rendirse. En abril de 1945, acaba suicidándose para evitar ser juzgado por los soviéticos.

NIKOLÁI FIÓDOROVICH VATUTIN, GENERAL RUSO

Nacido en 1901, Nikolái Fiódorovich Vatutin se incorpora al Ejército Rojo en 1920. Rápidamente se convierte en miembro del Partido Comunista, al que se entrega con fervor. En 1940, Josef Stalin le nombra general del ejército, pero a Vatutin le falta experiencia y no logra frenar la Operación Barbarroja de 1941.

No obstante, aprende de sus errores y organiza varias audaces maniobras que le permiten dar un giro al rumbo de la guerra. Retrasa al general alemán Erich von Manstein en el frente norte, logrando así salvar Leningrado. En el sur, dirige la contraofensiva soviética de 1942 en Stalingrado y consigue rodear al 6.º Ejército alemán. A continuación, aplasta al 8.º Ejército italiano, que llegaba como refuerzo.

Después de Stalingrado, vuelve a enfrentarse a Erich von Manstein en Járkov, pero es cogido por sorpresa y pierde la ciudad. Sin embargo, Josef Stalin recompensa la audacia del oficial ruso y le asciende a general del ejército. Organiza la defensa de Kursk, en la que le apoyan otros héroes de guerra soviéticos, como Gueorgui Konstantínovich Zhúkov o Konstantín Konstantínovich Rokossovski (1896-1968). Nikolái Fiódorovich Vatutin demuestra una gran creatividad táctica, lo que le permite frenar a Erich von Manstein y sus aliados a pesar de la superioridad tecnológica de los alemanes. Prosigue con su ventaja al pasar directamente a la ofensiva, algo que los generales de la Wehrmacht no habían previsto. A continuación, emprende la lenta reconquista de la URSS, frena a los alemanes en Ucrania y libera la capital, Kiev. Sin embargo, insurgentes ucranianos le tienden una emboscada en febrero de 1944, lejos de las líneas del frente, y Nikolái Fiódorovich Vatutin fallece como consecuencia de sus heridas.

GUEORGUI KONSTANTÍNOVICH ZHÚKOV, GENERAL RUSO

La juventud de Gueorgui Konstantínovich Zhúkov, hijo de granjero, transcurre al ritmo del trabajo en el campo. Sin embargo, no se deja a un lado su escolaridad, y resulta ser dotado para los estudios. Se convierte en maestro peletero, una labor que le permite sobrevivir más fácilmente en la Rusia de principios del siglo XX, asolada por la pobreza.

Es movilizado durante la Primera Guerra Mundial y destaca por su inteligencia, lo que le lleva a convertirse en suboficial. Sin embargo, los horrores de la guerra y el odio que siente hacia algunos de sus superiores le empujan a buscar la paz. Por ello, se muestra a favor de la revolución bolchevique en 1917 y logra numerosas victorias durante la subsiguiente guerra civil.

Durante el período de entreguerras, escala la jerarquía militar y se une en un primer tiempo al cuerpo de caballería. A continuación, se interesa especialmente por las divisiones acorazadas, que considera primordiales en las guerras modernas.

Es el encargado de defender a Ucrania contra la avanzadilla alemana cuando la Operación Barbarroja coge a la URSS por sorpresa. Pero su mayor éxito sigue siendo la defensa de la ciudad de Moscú en 1941. De hecho, tras el *statu quo* entre Japón y la URSS, repatría tropas de élite procedentes del este del país y logra salvar a Moscú de una batalla que parecía perdida de antemano.

En 1943, el general Gueorgui Konstantínovich Zhúkov es el primero en comprender que los alemanes atacarán Kursk, incluso antes de que el Führer apruebe la operación. Para esta batalla, da prioridad a la defensa por encima del ataque y propone fortificar al máximo el saliente. Además, disuade a Nikolái Fiódorovich Vatutin de la idea de lanzar ataques preventivos contra los alemanes, para reservar las fuerzas rusas. Sin embargo, deja el mando de la operación a este último.

Temiendo su popularidad, Josef Stalin le baja de rango al final de la guerra. Aunque se le reconoce como héroe de guerra, será apartado a menudo del poder político hasta 1974, fecha de su muerte.

ANÁLISIS DE LA BATALLA

LOS PREPARATIVOS

Para tranquilizar al pueblo alemán tras la derrota de febrero de 1943, Adolf Hitler necesita una victoria tan espectacular como la de los soviéticos en Stalingrado. La Wehrmacht, que hasta ese momento parecía invencible, sufre sus primeras grandes derrotas. En África, las divisiones del general Erwin Rommel (1891-1944) se baten en retirada frente a las fuerzas combinadas de los americanos y de los británicos. En el sur de Europa, un desembarco de los Aliados en Italia puede suceder en cualquier momento. Por su parte, el frente del Este se vuelve completamente inestable para el ejército alemán. El Ejército Rojo sigue manteniendo su ventaja incluso cuando el general Erich von Manstein toma Járkov (una de las mayores ciudades de la URSS) en marzo de 1943. Además, la mayoría de los generales alemanes, y puede que incluso Adolf Hitler, consideran a partir de este momento que Alemania ha perdido toda posibilidad de vencer definitivamente a la URSS.

Mientras tanto, el Führer necesita vengarse de la URSS para restablecer su honor. Para lograrlo, elige Kursk. La ciudad, que estaba en manos de los alemanes desde 1941, fue recuperada por los soviéticos dos años más tarde, y estos últimos concentran en ella un inmenso ejército. De hecho, Kursk se ha transformado en base avanzada de operaciones rusa para lograr la reconquista de la región Oriol-Briansk, al noroeste, y de Ucrania, al suroeste. Si la Wehrmacht lograra destruir esta posición, el canciller alemán asestaría un duro golpe a la URSS y abriría tal vez la vía a una nueva ofensiva sobre Moscú.

Para alcanzar este objetivo, el Führer aprueba y lanza el plan Ciudadela, desarrollado por Erich von Manstein, que consiste en rodear a las fuerzas rusas mediante una acción simultánea al norte y al sur. De esta manera, los alemanes esperan destruir las reservas operativas del enemigo y, al mismo tiempo, reducir en gran medida la amplitud del frente. Adolf Hitler sabe que la operación solo será un éxito si se lanza lo suficientemente pronto.

La fuerza de choque alemana encargada de tomar Kursk está formada por:

- más de 900 000 soldados;
- alrededor de 2500 tanques —3000 según los soviéticos;
- alrededor de 10 000 piezas de artillería;
- al menos 2000 aviones.

A pesar de las imponentes cifras, la capacidad ofensiva de Alemania se ha visto sensiblemente reducida en cuatro años. Los alemanes y sus aliados ya han perdido más de 500 000 hombres desde el inicio del conflicto, puede que incluso 700 000. La movilización general decretada anteriormente por Adolf Hitler solo ha suplido la mitad de las pérdidas registradas. No obstante, el número de tropas y de material puesto a disposición refleja que el Führer no tiene dudas sobre cuál será el resultado de la batalla: así, envía al frente a casi la mitad de sus fuerzas blindadas.

La ofensiva que se prepara no coge por sorpresa a los rusos, que han descubierto los planes de los alemanes gracias a Lucy, su red de espionaje. Así, el Ejército Rojo se había preparado inmediatamente para el ataque y, desde el mes de marzo, los rusos refuerzan la posición de Kursk; cavan trincheras a lo largo de miles de kilómetros, instalan cientos de miles de minas y acondicionan miles de emplazamientos artilleros. En algunas partes, las defensas rusas se extienden a una profundidad de más de 150 kilómetros. Pero el Estado Mayor soviético sigue preocupado: las divisiones acorazadas alemanas ya han traspasado con gran facilidad posiciones similares en el pasado. Incluso algunos generales se preguntan si no sería mejor que el Ejército Rojo atacara primero.

De este lado, los recursos puestos a disposición también son colosales, y a estos se les añaden las tropas de reserva, lo que hace que el total de efectivos rusos se eleve a:

- cerca de dos millones de soldados;
- alrededor de 5000 tanques;
- alrededor de 20 000 piezas de artillería;
- alrededor de 2700 aviones.

Aunque las tropas soviéticas son superiores en número, las fuerzas presentes no están necesariamente desequilibradas. De hecho, la Wehrmacht cuenta con una superioridad tecnológica y táctica frente a los rusos.

Sin embargo, no todos los generales alemanes se muestran tan optimistas como el Führer. Las fotografías aéreas muestran en efecto la dimensión de las defensas soviéticas, y hacen presagiar que los rusos se encuentran preparados para un ataque sobre Kursk. A pesar de ello, el comandante alemán Walter Model le pide al Führer aplazar el ataque para esperar a que lleguen los nuevos modelos de tanques Tiger, Panther y los Jagdpanzer Elefant. Asimismo, se apoya en el hecho de que la temporada de lluvias hace que los caminos sean impracticables para los tanques. Por su parte, Erich von Manstein prefiere atacar lo antes posible, antes de que Kursk se convierta en una posición inexpugnable. Finalmente, los partidarios de Walter Model se salen con la suya y el ataque se pospone de mayo a junio, y finalmente a julio, lo que le deja incluso más tiempo a los rusos para prepararse.

EL CHOQUE DE TANQUES

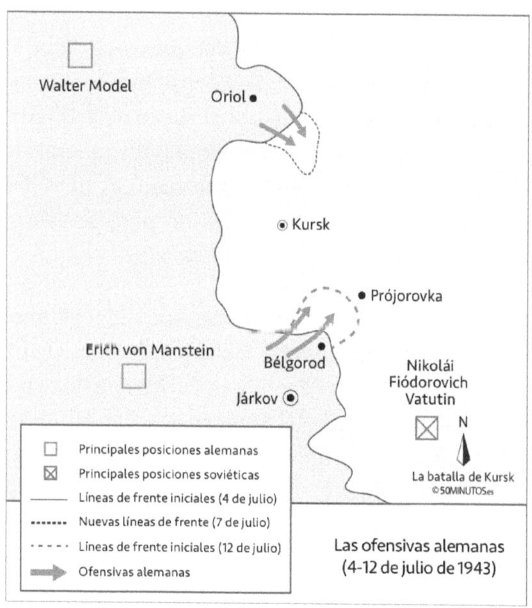

El 4 de julio de 1943, el ejército alemán ataca los puestos avanzados al sur de Kursk. Cada maniobra acorazada es precedida de una cortina de fuego artillero y de un bombardeo aéreo. Sin embargo, la Wehrmacht no puede apoyarse en el efecto sorpresa y progresa con dificultad.

El día siguiente, el campo de batalla se traslada al cielo. Para evitar ser superados por la Luftwaffe (la aviación alemana), el ejército aéreo ruso entra en combate y ataca las bases aéreas enemigas. Pero el espacio aéreo se revela más favorable que los combates terrestres para los alemanes y, rápidamente, la Luftwaffe toma ventaja sobre los rusos. No obstante, la mayoría de los aparatos se precipitan enseguida al suelo por falta de carburante.

Al norte del saliente, las tropas del general Walter Model se hunden con gran rapidez. Sus divisiones se encuentran inmovilizadas por las minas y por el fuego de artillería ruso desde el primer día y, pasada una semana, el general alemán solo ha podido avanzar diez kilómetros. Las pérdidas son menos importantes en el bando alemán, pero la Wehrmacht se queda con menos tropas de reserva.

Al sur, donde las defensas soviéticas son menos importantes, las divisiones del general Erich von Manstein superan más fácilmente las líneas enemigas. Para frenar esta progresión, el general ruso Nikolái Fiódorovich Vatutin despliega sus tropas de forma imprevisible, lo que sorprende a las fuerzas del Tercer Reich. Además, el general ruso alterna tácticas de defensa y de ataque para no dar tregua a los alemanes. Asimismo, recurre a muchas divisiones de refuerzo y puede apoyarse en los zapadores soviéticos, que cada noche colocan minas en el trayecto de los tanques alemanes. La táctica da sus frutos en vista de las importantes pérdidas sufridas por la Wehrmacht: tras una semana de combates, algunas divisiones han sido prácticamente aniquiladas. Pero a las fuerzas rusas no les va mucho mejor.

El punto culminante del enfrentamiento tiene lugar el 12 y 13 de julio en la batalla de Prójorovka (al este del saliente de Kursk), considerada la mayor batalla de tanques de la historia. Los tanques son tan numerosos que la aviación es incapaz de distinguir las fuerzas aliadas de los enemigos. Sin embargo, el combate aéreo sigue siendo primordial para cubrir el avance de los acorazados, de manera que ambos bandos se baten brutalmente en el aire.

Esta progresión de los alemanes obliga a los soviéticos a hacer avanzar sus tropas de reserva antes de lo previsto. A pesar de las numerosas pérdidas, las divisiones de la Wehrmacht envían 400 vehículos blindados. Las fuentes soviéticas estiman que había entre 500 y 700 tanques enemigos. Se trata principalmente de tres divisiones de la Waffen-SS, la rama militar de las tropas de élite hitlerianas: la 3.ª Divisón SS «Totenkopf», la 2.ª División SS «Das Reich» y la 1.ª Panzekorps SS «Leibstandarte». El Ejército Rojo se enfrenta a ellas con más de 800 tanques, pero el blindaje de sus vehículos es considerablemente más ligero.

Tanques soviéticos.

El 12 de julio, a primera hora de la mañana, los alemanes inician las hostilidades en Prójorovka, pero la aviación soviética les obliga rápidamente a adoptar una posición defensiva. La primera contraofensiva rusa es un desastre, sobre todo por culpa de una mala comunicación entre los tanques y los aviones. Diezmados por la artillería, los tanques soviéticos arden y esto hace que se reduzca la visibilidad para ambos bandos. La consecuencia es que las sucesivas ofensivas alemanas y rusas fracasan una tras otra, y el avance de los tanques se ve a menudo bloqueado por golpes aéreos procedentes de ambas partes. Además, las divisiones mecanizadas alemanas se topan con una infantería soviética bien atrincherada en sus defensas. Las pérdidas son imprecisas pero importantes en ambos bandos. Una vez más, la superioridad numérica de los rusos acaba marcando la diferencia.

EL CONTRAATAQUE SOVIÉTICO

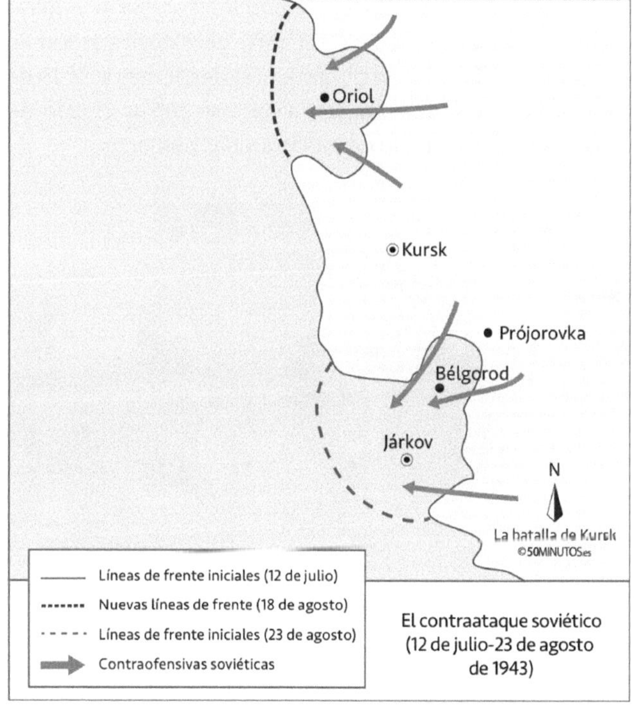

El contraataque soviético (12 de julio-23 de agosto de 1943)

El 13 de julio, Adolf Hitler decide abandonar la Operación Ciudadela. No solo las pérdidas alemanas son muy elevadas, sino que, además, los Aliados acaban de desembarcar en Sicilia. Por ello, el Führer se ve obligado a enviar una parte de sus fuerzas a Italia para recuperar el control de la situación. Así, el frente del Este se reduce para reforzar las posiciones alemanas en Europa Occidental.

Los soviéticos aprovechan la situación para lanzar una contraofensiva. El 12 de julio, el Ejército Rojo obliga al general Walter Model a retroceder en el norte del saliente de Kursk. Los combates continúan durante más de un mes y, el 18 de agosto, los soviéticos vuelven a hacerse con la ciudad de Oriol, pagando el precio de muchas vidas humanas.

Tropas soviéticas durante la batalla de Oriol

En el sur, los rusos dedican más tiempo a reorganizarse: el Ejército Rojo ha sufrido efectivamente gravísimas pérdidas. Con todo, también en este punto logran frenar a los alemanes. Aunque a principios de agosto las fuerzas soviéticas avanzan hacia Bélgorod, que cae con rapidez, la retoma de Járkov se salda con un número de víctimas mucho más elevado. Del 11 al 23 de agosto, las tropas alemanas resisten ferozmente en el frente, pero la Wehrmacht acaba replegándose detrás del Dniéper (río de Europa del este que desemboca en el mar Negro). Con la victoria de Járkov, la Unión Soviética entierra las últimas esperanzas de Adolf Hitler: la Alemania nazi nunca vencerá a la URSS. La ciudad de Járkov, cuya posición industrial y estratégica es de vital importancia, le permite a los rusos continuar las ofensivas hacia el Dniéper y después hacia Ucrania.

EL RESULTADO DE LA BATALLA: UN CEMENTERIO DE SANGRE Y METAL

«El 9 de julio, tras cuatro días de batalla, la ansiedad se redujo; ya había disminuido de intensidad cuando nos enteramos de la destrucción de 586 tanques alemanes. [...] La prensa también publicaba declaraciones de prisioneros alemanes turbados: "Nunca habíamos visto una carnicería de estas dimensiones en las tropas alemanas"»[2] (Werth 1964, 74).

Al término de la batalla de Kursk, las pérdidas alemanas llegan efectivamente a minar la moral de las tropas. En un mes y medio, más de medio millón de soldados de la Wehrmacht están ausentes, ya sea porque han muerto, porque están heridos o porque se encuentran desaparecidos. Aunque la Luftwaffe no sufre pérdidas demasiado elevadas, no puede decirse lo mismo de los tanques alemanes: en el saliente de

---

2. Cita traducida por 50Minutos.es

Kursk quedan más de 1200 tanques inutilizados. Son más de los que pueden fabricar.

Tanque alemán destruido.

Para los soviéticos la batalla resulta aún más mortífera. El Ejército Rojo cuenta más de 860 000 muertos, heridos o desaparecidos. Más de mil tanques y otro tanto de aviones han sido destruidos. Para ganar, la Unión Soviética ha sacrificado a casi la mitad de sus tropas presentes en Kursk.

REPERCUSIONES DE LA BATALLA

UNA BATALLA, DOS PROPAGANDAS

Dado que Adolf Hitler confiaba en la victoria de Kursk para mejorar la moral de la población alemana, el Führer prefiere silenciar el alcance de esta derrota. En Berlín, la Operación Ciudadela es prácticamente olvidada en las declaraciones oficiales, y si las herramientas propagandísticas hablan de ella, lo hacen para minimizar su importancia.

Por el lado ruso, en cambio, la victoria de Kursk es enaltecida. Los supervivientes de la batalla son considerados héroes en todo el país y dan origen a numerosas leyendas. Así, el 5 de agosto de 1943, fecha de la liberación de Oriol y de Bélgorod, Josef Stalin felicita a sus generales por medio de Yuri Levitan (1914-1983), el célebre locutor de Radio Moscú. El anuncio se difunde más de 300 veces, hasta la victoria final sobre Alemania y Japón. Esa misma noche, en la capital rusa resuenan 12 salvas de artillería lanzadas por 120 cañones que aclaman el coraje de las tropas soviéticas. Asimismo, el cielo se ilumina con fuegos artificiales que le recuerdan a la población que el fin de la guerra está ahora a la vista.

LA APISONADORA SOVIÉTICA

Para el historiador alemán Walter Goerlitz, «si Stalingrado fue el punto de inflexión político-psicológico de toda la guerra en el Este, [...] la derrota alemana en Kursk y en Bélgorod sería el punto de inflexión militar»[3] (Werth 1964, 76).

De hecho, después de la batalla de Kursk, la Wehrmacht ya no logrará posicionarse con ventaja sobre el Ejército Rojo. A partir de entonces, los alemanes se limitan a operaciones defensivas con las que intentan retrasar lo inevitable. Sin embargo, a pesar del fracaso de la Operación Ciudadela, la Wehrmacht espera haber debilitado a las fuerzas rusas lo suficiente como para disponer de tiempo para reorganizarse. El esfuerzo es en vano: los soviéticos renuevan sus fuerzas a un ritmo increíble. Los refuerzos humanos y materiales fluyen sin cesar hacia el frente. De ahí la expresión de «la apisonadora soviética»: la inmensidad del Ejército Rojo aplasta todo lo que encuentra a su paso.

A finales del año 1943, los rusos liberan progresivamente Ucrania a pesar de las brillantes operaciones tácticas emprendidas por el general Erich von Manstein. Al año siguiente, el Ejército Rojo rompe el bloqueo de Stalingrado y continúa su avance en Europa del Este: en Crimea, en Bielorrusia, en Polonia y en los Balcanes. Después de tomar Austria, el avance del Ejército Rojo se ralentiza ligeramente: los alemanes conocen el terreno y esto juega a su favor. Sin embargo, los soviéticos acaban por alcanzar Berlín, que cae en abril de 1945 con el ataque de 2,5 millones de soldados. Desde la batalla de Kursk hasta la capitulación del 7 de mayo de 1945, el cerco ruso nunca se abre en el frente del Este.

---

3. Cita traducida por 50Minutos.es

EL SACRIFICIO DE LA URSS

No obstante, la victoria de la URSS tiene un precio. El frente del Este, el mayor escenario de operaciones de la Segunda Guerra Mundial, es también el que cuenta con más víctimas. La propia Unión Soviética, con 27 millones de muertos a sus espaldas, registra el mayor número de pérdidas del bando de los Aliados. A estas se le añaden las destrucciones materiales, inimaginables: decenas de miles de ciudades y pueblos son destruidos.

Así y todo, al mantener sus posiciones en el frente del Este, la URSS permite que los Aliados se organicen y ataquen en varios frentes. Así, la batalla de Kursk facilita en gran medida el desembarco de los americanos y de los británicos en Sicilia (10 de julio de 1943) y obliga a Alemania a dispersarse en varios frentes para resistir los ataques conjuntos de los Aliados.

A largo plazo, el «sacrificio» de la URSS no es en vano. La posición del país en la escena internacional se ve reforzada al término de la Segunda Guerra Mundial y, poco a poco, los países de Europa del Este caen en la zona de influencia de Josef Stalin. Gracias a su fuerza militar e industrial, la URSS se impone como una superpotencia mundial que hace que el mundo entero se estremezca durante toda la Guerra Fría (1945-1990).

EN RESUMEN

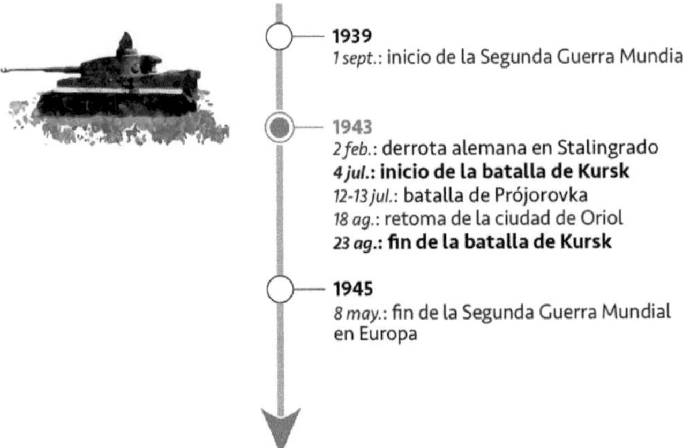

1939
1 sept.: inicio de la Segunda Guerra Mundial

1943
2 feb.: derrota alemana en Stalingrado
4 jul.: **inicio de la batalla de Kursk**
12-13 jul.: batalla de Prójorovka
18 ag.: retoma de la ciudad de Oriol
23 ag.: **fin de la batalla de Kursk**

1945
8 may.: fin de la Segunda Guerra Mundial
en Europa

- En 1939, en vísperas de la Segunda Guerra Mundial, Adolf Hitler y Josef Stalin firman un pacto de no agresión. Así, tanto Alemania como la URSS tienen que adoptar una estricta neutralidad en caso de que uno de los dos países entre en guerra. El acuerdo incluye, además, una cláusula secreta cuyo objetivo es que las dos potencias se repartan los países de Europa del Este.

- A pesar del pacto de no agresión, el Führer siempre ha tenido la intención de invadir la URSS. De hecho, según la doctrina nazi, los eslavos son un pueblo que ha de ser eliminado. Este es el motivo que lleva a los alemanes a lanzar la Operación Barbarroja en 1941, que pretende derrocar al régimen comunista. Tras una serie de brillantes victorias, las fuerzas hitlerianas son frenadas en Moscú y, más tarde, en Stalingrado.

- Después de la derrota de Stalingrado a principios de 1943, el canciller alemán quiere asestar un duro golpe al enemigo para dejar huella en el imaginario colectivo. Decide atacar el saliente de Kursk mediante la Operación Ciudadela. El objetivo es rodear al enemigo atacando simultáneamente por el norte y por el sur. Con ello quiere destruir la elevada concentración de fuerzas rusas que existen en el lugar y abrir la vía a nuevas ofensivas sobre Moscú.

- Los soviéticos presienten el ataque y fortifican el saliente de Kursk durante varios meses. Se colocan minas, se cavan trincheras a lo largo de miles de kilómetros y cientos de emplazamientos artilleros tapizan la zona. Asimismo, los rusos prevén numerosas fuerzas en reserva.

- El 4 de julio de 1943, los alemanes lanzan la ofensiva. El enfrentamiento opone a millones de soldados, miles de tanques y aviones y decenas de miles de piezas de artillería. Al principio las fuerzas parecen equilibradas: mientras que los soviéticos tienen ventaja numérica y de terreno, los alemanes cuentan con una superioridad tecnológica y táctica.

- Con todo, los tanques alemanes se hunden rápidamente en el norte. Al sur, las tropas del general Erich von Manstein atraviesan con mayor facilidad las líneas enemigas, pero sufren graves pérdidas debido a los ataques imprevisibles del general ruso Nikolái Fiódorovich Vatutin.

- El apogeo del enfrentamiento tiene lugar el 12 de julio de 1943 durante la batalla de Prójorovka, el mayor combate de tanques de la historia. Los blindados son tan numerosos que la aviación no logra distinguir los aliados de los enemigos. A pesar de que ambos bandos sufren muchas pérdidas, las defensas soviéticas se mantienen firmes.

- El día después de la batalla, Adolf Hitler abandona la Operación Ciudadela. Las pérdidas son demasiado elevadas y los Aliados acaban de desembarcar en Sicilia. Se trata de un punto de inflexión militar: la Alemania hitleriana ya no logrará dominar a las fuerzas rusas hasta el fin de la guerra. Ya nada podrá detener a «la apisonadora soviética» hasta su llegada a Berlín.

¡Tu opinión nos interesa!
¡Deja un comentario en la página web de tu librería en línea,
y comparte tus favoritos en las redes sociales!

PARA IR MÁS ALLÁ

FUENTES BIBLIOGRÁFICAS

- Baechler, Christian. 2012. *Guerre et exterminations à l'Est. Hitler et la conquête de l'espace vital. 1933-1945*. París: Tallandier.
- Corelli, Barnett. 1989. *Hitler's Generals*. Nueva York: Grove Weidenfeld.
- Husson, Édouard, Nicolas Werth y Cyril Buffet. 2001. "Hitler-Staline: la guerre à mort". En *L'Histoire*, n.° 252. Marzo. París: Sofia Publications.
- Kagan, Frederick W. 2002. "The Great Patriotic War". En *The Military History of the Soviet Union*. Nueva York: Palgrave MacMillan.
- Laneyrie-Dagen, Nadéije. 2005. *Les grandes batailles de l'histoire*. París: Larousse.
- Lemay, Benoît. 2006. *Erich von Manstein, le stratège d'Hitler*. París: Perrin.
- "L'Union Soviétique et le front de l'Est". En *Encyclopédie multimédia de la Shoah*. Consultado el 3 de marzo de 2014. http://www.ushmm.org/wlc/article.php?lang=fr&ModuleId=231
- Mulligan, Timothy P. 1987. "Spies, Ciphers and 'Zitadelle': Intelligence and the Battle of Kursk, 1943". En *Journal of Contemporary History*, tomo 22, 235-260.
- Quétel, Claude. 2007. *La Seconde Guerre mondiale*. París: Larousse.
- Savès, Joseph. "5 juillet 1943 – La Wehrmacht meurt une deuxième fois à Koursk". En *Herodote.net*. Consultado el 25 de agosto de 2013. http://www.herodote.net/5_juille-

t_1943-evenement-19430705.php
- Shukman, Harold. 1993. *Stalin's generals*. Nueva York: Phoenix.
- Werth, Alexandre. 1964. *La Russie en guerre*, tomo II. Londres: Barrie and Rockliff.

FUENTES COMPLEMENTARIAS

- Bartov, Omer. 1999. *L'armée d'Hitler. La Wehrmacht, les nazis et la guerre*. París: Hachette Littératures.
- Buffetaut, Yves. 2000. *La bataille de Koursk*. París: Histoire et Collection.
- Carell, Paul. 1968. *Opération Terre brûlée*. París: Robert Laffont.
- Jukes, Geoffrey. 1971. *Koursk: le choc des blindés*. París: Marabout.
- Lopez, Jean. 2008. *Koursk, 5 juillet-20 août 1943, les quarante jours qui ont ruiné la Wehrmacht*. París: Economica.
- Masson, Philippe. 1994. *Histoire de l'Armée allemande. 1939-1945*. París: Perrin.
- Merridale, Catherine. 2012. *Les guerriers du froid: vie et mort des soldats de l'Armée rouge, 1939-1945*. París: Fayard.
- Montagnon, Pierre. 2008. *Dictionnaire de la Seconde Guerre mondiale*. París: Pygmalion.

FUENTES ICONOGRÁFICAS

- Tanques soviéticos. La imagen reproducida está libre de derechos.

- Tropas soviéticas durante la batalla de Oriol. La imagen reproducida está libre de derechos.
- Tanque alemán destruido. La imagen reproducida está libre de derechos.

DOCUMENTALES

- *Images de la Seconde Guerre mondiale: La bataille de Koursk*. Producido por Getty Hulton. Estados Unidos, 2006.
- *La Bataille de Koursk. La Terrible Défaite d'Hitler*. Dirigido por Robert Garofalo y Jeremy Joseph. Francia: Echo DA, 2008.
- *La Bataille de Koursk. Juillet 1943*. Producido por Bundesarchiv. Alemania, 2012.

MUSEOS Y EDIFICIOS CONMEMORATIVOS

- La catedral de Pedro y Pablo, construida en el campo de batalla de Prójorovka, Rusia.
- El obelisco de Prójorovka, Rusia.
- El museo-diorama de la batalla de Kursk en Bélgorod, Rusia.

¡APRENDER NUNCA ANTES FUE TAN RÁPIDO!

www.en50minutos.es